# Estancias

# Estancias

## GUSTAVO ADOLFO WYLD

Ilustraciones de Alvaro Andrade

# ESTANCIAS

iUniverse books may be ordered through booksellers or by contacting:

iUniverse
1663 Liberty Drive
Bloomington, IN 47403
www.iuniverse.com
1-800-Authors (1-800-288-4677)

ISBN: 978-1-4917-7517-2 (sc)
ISBN: 978-1-4917-7516-5 (e)

Library of Congress Control Number: 2015953737

Print information available on the last page.

iUniverse rev. date: 12/02/2015

# DEDICATORIA

A mi querido y leal amigo Álvaro Andrade, por ser el culpable de la publicación y de las bellas ilustraciones de este poema de veintitrés diminutos parajes. Su profesión de arquitecto, su actividad creativa en los campos de la pintura, la escultura y la poesía lo han llevado a la realización de un trabajo conjunto, donde el autor del poema ha salido francamente favorecido.

El autor

# PRÓLOGO

Me parece importante recalcar, desde el inicio, que el noble trabajo de escribir sobre un texto también trae consigo la limitante de condicionar a los lectores a un punto de vista que es, quizás, el menos fiable. Por tanto, además de agradecer esta oportunidad de discutir someramente el poemario *Estancias*, del licenciado Gustavo Adolfo Wyld Ferraté, invito a quien se ha aventurado a comenzar a leer estas líneas a detenerse y pasar por alto este condicionamiento. Vaya, lector o lectora, a la poesía. Después puede acercarse a estas páginas y comparar sensibilidades. Al ser este un texto tan polisémico, trabajado con tanta minuciosidad y pulcritud, preferible es que la poesía se revele y se rebele ante usted, en un acto íntimo, como desnudándose, y posteriormente, después del acto íntimo, puede ser, si lo desea, oportuno tomar en cuenta esta propuesta de lectura.

He avisado esto, pues es necesaria la lectura de poesía. Porque la lectura de poesía es, y será siempre, la intromisión. Ese indagar en la mente del otro que revela sensaciones y secretos. Entre versos, se haya el humanismo del poeta: su percepción y punto de vista, sus análisis e introspecciones esenciales. Las *Estancias*, del académico Gustavo Adolfo Wyld Ferraté, son más que eso. Cada verso es un trozo de alma trasladado al papel. Con entera honestidad, el autor de estos recintos recuerda que somos seres de paso, que sin la palabra viva – la poesía – somos nomás sordidez y materia infértil. Es evidente, pues, que la vida y el tiempo marcan al poeta: desde la palabra escogida hasta el modo de usarla.

Un pórtico y veintitrés alcobas. En cada una, un espejo y frente a este, una ventana. Es difícil decidir entre ver hacia fuera desde dentro, o ver a través del cristal que separa el espacio en que sumerge cada poema y la realidad. En una primera lectura, pareciera que el autor deseara mostrar solamente un pequeño espacio de cada estancia. Es en la reflexión de quien lee que se descubre que en el lenguaje hay más que poesía. *Estancias* es ingresar a una casona de alcobas poéticas; todas ellas deseosas de que el lector permanezca en cada una para repasar, en esa persuasividad retórica, una impronta que será difícil de borrar.

Wyld Ferraté entrega en este poemario gran parte de su ser frágil, solo liberado cuando se ordena por piezas cada una de estas confesiones o declaraciones. Hacer una hermenéutica de esta obra obliga a, como indiqué en el párrafo anterior, ver la ventana por el espejo: en el reflejo de nuestra propia existencia lograremos adueñarnos de cada estancia. Quizás, incluso, permanecer en alguna de ellas y adornarla a nuestro gusto personal. A lo mejor, para poder reclamarnos a nosotros mismos los versos con los que comienza la estancia VIII:

> *"Ya no te reconozco.*
> *¿Hasta dónde eres tú*
> *y yo soy yo?*
> *¿Es el mío tu mar,*
> *mi bosque el tuyo?".*

El dialogismo, pues, no se limita al escritor consigo mismo, a manera de reflexión. Al leer los versos, el dialogismo se expande hacia quien lee, hacia quien observa y atestigua esta reflexión.

Hay algo particular en estos textos. Más que miedo a la muerte – o más bien, a la consciencia del fin de la vida –, hay temor hacia el tiempo y sus indicios. La poesía pareciera haber sido escrita y trabajada en un estado de emergencia. Wyld Ferraté recurre al fuego, al viento, al agua, al aire. Dirige estos elementos para moldear una idea que es, en mi muy particular punto de vista, la idea del tiempo como impermanencia, o como relatividad. ¿Al recordar se vuelve a vivir? ¿Se vive por el recuerdo? ¿El futuro imaginado, al reflexionar sobre cualquier tema, no se vuelve real al plasmarse en el papel? El presente no existe porque se muta con los segundos, con las milésimas.

Además de trabajar los elementos, el autor utiliza las sensaciones. No solo aquellas que se dirigen por medio de la descripción, sino las que mueven ese hilo fino que sostiene la sensibilidad humana. Por medio de preguntas, que podrían ser tomadas como banales en una primera lectura, Wyld Ferraté ofrece reflexiones insondables, como esta, en la estancia XX:

*"¿En qué rama canta el pájaro de ayer?*
*¿Me guiará al dónde de su donde*
*y al cómo de su como?"*

Sus lecturas son difíciles de identificar, acaso porque afianza esta voz poética tan propia de su lírica, tan diferente de su ensayo. Evidente placer y gozo en este trabajo que, obviamente, no es un "trabajo", sino más bien, la hermenéutica de sí, su comprender para explicar y explicar para comprender. De esta manera, se presenta la estancia XIII, aguerrida y empoderada. Tan empoderada que se deja libre en el papel:

*—Henos por fin aquí,*
*amor,*
*en nuestra estancia permanente,*
*edificada sobre*
    *c*
    *u*
    *a*
    *c*
    *i*
    *o*
    *n*
    *e*
    *s*   *p r o d i g i o s a s.*

Sería complicado encasillar esta obra. Determinar y categorizar su temática. Claro que el tiempo está presente. Claro que la existencia es dominante. Evidentemente hay una búsqueda de libertad. Como también liberar por medio de cajones o *Estancias*. Estos textos de Gustavo Adolfo Wyld Ferraté son un ahogarse en un remolino de metáforas y reflexiones. Y no solo reflexiones, como considerando detenidamente algo: reflexiones como reflejos en esos espejos de las habitaciones que nos invitan a ver de dentro hacia fuera. De dentro hacia fuera. Si es que acaso el espejo es fiel a la realidad.

*Luis Pedro Villagrán Ruiz*
*Guatemala, noviembre de 2014*

Después de presentirla, él quiso crearla;
ignoraban que la existencia de ambos era primacía del poeta.

Gustavo Adolfo Wyld

# Pórtico

El primer arrendatario, la madre.
Luego,
el desahucio,
el grito, la carne húmeda,
el corte.
Inmediatamente después,
el horror de sentirse solo.

Al final de la vida,
sonríe complacida
la cortesana del hueso,
la fulana.

Flor de un día serás,
fugaz empeño mío.

Al derecho de vivir la propia vida
le maduran gusanos en los ojos.
Al derecho de morir la propia muerte
se le pudre un sol tibio en cada cuenca.

Nacer es la primera instancia
de la carne.
Morir, la inevitable.

*I*

Te entregaré primero
mi caballito de niño
y mis espuelas verdes.

Después,
en el cuello del cometa inadvertido,
aprenderé a multiplicar
y ya verás lo que hago
con el mar y las rosas.

Es tan simple llegar
a ecuaciones prodigiosas.

_II_

Por libre y pájara
me robarás otoño;
y sin querer, la primavera.

Emigrarás.
Yo me haré viejo,
insomne,
y volveré al musgo
y a la piedra.

¿Y quién no
con ese caudal anticipado
de panes y de peces?

En mi pupila
se alojará
una humedad redonda
e inmutable:
sabré llorar eternamente.

Hoy mi lobo pide agua
recogida en la cuenca inagotable
de tus manos.

Mariposa de miel,
abeja luminosa,
¿por qué te sueño mía
si aún estás en ciernes?

¡Qué insondable tu vuelo,
tu inminencia!

Revélame tu mar, tu cielo,
el lunar en tu pecho.
No te postergues tanto.

Nunca predicha,
serás inigualable,
tu sonrisa se anuncia
sobre mi pobre territorio esperanzado.

¿Volverá el paraíso aquel
donde sorbíamos mandarinas
en las ramas de un viento apenas detenido
sólo para nosotros?

*IV*

Tal vez la fecha sea
23 de septiembre
aún contado en miles,
cuando termina el equinoccio
y comienza la marcha del amigo
hacia la nada.

Pero tu arribo esplendoroso
será siempre
un 23 de septiembre.

Tú,
la aojadora, cabalista,
la disipadora de mis sombras,
vendrás, ¿no es cierto?

Y cuando sea el 23,
a donde tus ojos vayan
te seguirán los míos.

*V*

No más surcos trazados
al pie de los relojes.

Capitana,
tu nave se presiente y se piensa
en el presente.

Tu marcarás el tiempo sin rúbrica,
acrónica, veloz e indetenible.

Tu instante dejará sólo una huella:
la piel intacta de tu cuerpo
revistiéndome el mío.

No hay tiempo para el alma.
Quédesenos, amor, la vida prohijada
cabalgando delicias sobre el cuerpo.

Lo sé, no puedo convocar
a todos tus jilgueros.

Tengo deuda contigo, Capitana.
Nunca podré pagarla, nunca.

*VI*

Amor, el tuyo
doblegará la mueca insulsa
de los intrigantes.

Amor, el nuestro
someterá el gesto oblicuo
de los envidiosos.

Toda alcahueta
perecerá más allá de su oficio.

Perduraremos, mi trovera,
mi juglara, mi barda,
hablando el idioma que ignoran
los que rebajaron los soles de su sangre.

Háblame así,
con astros en la lengua,
con tumbos en la piel no acaecida.

# VII

No importa
que el tiempo sea irreversible.

No importa
lo que hayamos olvidado en el camino.

No importa
el garfio de sal en la pupila.

No importa
el silencio quebrantado
por ecos y rumores recelosos.

No importa
la nube que nos crezca por amarnos.

# VIII

Ya no te reconozco.

¿Hasta dónde eres tú
y yo soy yo?

¿Es el mío tu mar,
mi bosque el tuyo?

Al borde de mis dedos
emergen las raíces de tus manos.

Sólo descubro
nuestras palmas empalmadas,
los ojos antojados,
las almas enalmadas.

Y nuestra sed,
que es una,
y nuestro oasis, uno.

## IX

Altos,
para que nadie nos alcance.

Unidos,
para que nadie nos distancie.

Erguidos,
para que nadie nos doblegue.

## X

Para el camino,
la forma que abrazará tu cuerpo.

En el morral,
uvas, granos,
miel y aceitunas de la reina.

Y, desde luego,
la dulce aflicción de los pastores.

Viajera venida de lo alto,
bienvenida a la vida.

Vaciemos nuestras manos
y colmémoslas de dicha.

Vamos, romera, vamos,
deja el bordón y la esclavina.

En nuestra vía
se agotarán las catedrales.

## XI

Peregrina,
vocativo mío,
hagamos un alto en el camino.

Desplumemos,
como a una gallina,
el último prejuicio.

Un cuadro:
"Bajo el árbol, holgando tú y yo".

Hemos andado juntos
y aún no sé tu nombre.
No te hemos nombrado...

No lo digas.
Los nombres revalidan errores,
lo que alguien espera de nosotros.
No confirmes, pastora.
Tú y yo
no somos posesión de nadie.

*(– ¡Qué delirio quererte*
*y que me quieras!)*

Somos voces sin nombre,
somos palabra pura.

Vamos,
que nos espera el mundo.

Vamos,
no demos chance a las preguntas.

Vamos,
que la revelación es inminente.

Vamos,
que sopla el viento de la vida.

Vamos,
que prenda ya la chispa en nuestra yesca.

Vamos, romera, vamos.

(–Amado,
una alegría sigilosa
me salpica la cara.
Llevan mis manos
amores a lo alto.
He olvidado grietas...
¡Me corona la dicha!)

# XII

Adviene el sueño recurrente.
Agota mi cabeza y mis ojos,
amada,
mientras tú juegas
disfrazada de nardo
al escondite.

Respetaré tu sueño.
Juega.
Quizá mañana,
cuando la alegría
se escape por tus ojos,
habré de recordarte.

Siente el clamor de la vida,
la piel del agua
que deja ver los músculos del río.
Vive y siente,
huele el jazmín de la existencia,
saborea la miel del oso enamorado.
Todo vive, amada,
porque tú das la vida.

# XIII

Y tú, ¿por qué?
¿Por qué,
Capitana,
hay surcos en tu frente?

Déjame a mí el dolor.
Tú vive y da la vida.

¿No somos uno ahora,
mitad, mitad,
equidistantes?
¿Y para qué el amor, entonces?

(*—Te estoy mirando*
*al amor de esta lumbre,*
*al amor de mi fuego,*
*y desde el fondo de mi alma).*

Cuando sean cumplidas las 23 estancias,
preguntaré otras cosas.

(*—Te estoy amando,*
*pastorcito mío.)*

# XIV

Hágase ya tu voz,
tu verbo, tu palabra.
Tú precediste al verso.

Háganse en ti
los mares todos,
la tierra, el cielo,
las estrellas.

Te dedica el oxígeno
una oración sin paralelos.

Que tu voz se renueve en el eco
y repercuta de caracol en caracol.

Que tu palabra viaje allende
el ritmo y la armonía.

No faltará el pan de la palabra
ni el vino del poema en nuestra mesa.

Tu voz se fraguará en mi pecho,
cortesana exquisita.

## XV

Transitamos,
presagiando la dulce insensatez
de amarnos siempre.

Avanzamos,
presintiendo la libre
reclusión de una promesa.

*(—No enjaula, no encarcela*
*esa promesa.*
*Ha nacido enteramente libre,*
*y libre volará por siempre.)*

# XVI

¿Has oído?
El ave del amor augura
la comunión de nuestras almas.

¿Has oído?
Pronto será la unión de nuestros cuerpos.

¿Oyes?
El ave anuncia
la inserción en la carne y en los huesos,
el barro primordial,
el recipiente,
el fulgor en los ojos,
la gratitud del agua y de la tierra.

(— *¿Por qué me hablaste*
*antes de ser, amado?*
*Te buscaré*
*si arribo yo primero.*)

# XVII

—Que los viandantes vistan
el traje dorado de la vida
y el ropaje oscuro del dolor.
Que en sus pupilas
despunte la alborada.
Que conspiren en ellos
el mar, la tierra, el cielo.
Que se llamen terrestres
por arcilla amorosa.
Que tomen forma de la forma
y den el grito de los recién nacidos.
Que fluya la fuente de su sangre.
Que no sepan más de lo que allá conviene.

—Nuevos,
sean de pie sobre la tierra.

(—Busco la impronta
de tu antigua forma, amado.
Presiento una conjura de versos amarrados.
Creo que te he perdido.)

# XVIII

—No la veo.
(Cobra forma la huella
sobre la senda dolorosa.)

—No la veo.
(¿Dónde está la que vino,
la que anduvo conmigo?)

—No la hallo.
(Hay pánico de niños
en mi sangre.)

—No la encuentro.
(Hay cenizas de horror
sobre mis huesos)

— ¿Qué fue de los pastores, mi pastora?
¿Dónde hallaré tus cálices nocturnos
los olivos, los antiguos viñedos?
¿Qué te me hiciste, amor?
¿Cuál tu sitio secreto?

# XIX

La luz, el grito,
el garfio de ser aferrado a la carne

El dolor tiene cuerpo
y una alargada sombra sin espacio y sin tiempo.

Una curva de espanto y un martillo de fuego
quebrantan la sustancia.

# XX

Solo está el hombre,
solo en su soledad terrestre.
Aguza la mirada aún reciente.
Parpadea y conjuga el verbo de la luz
en todas sus variantes.
Amar asalta siglos
y en el amor no caben los castrados.
Sola está la mujer,
ella con más razón y más dolor se duele.
Ambos se buscan.
Piensan que están
en cada flor,
en cada gota de agua,
en cada arena.

—Supe de mis ojos
porque un día la vi;
de mis oídos
porque un día la oí.
¿En qué rama canta el pájaro de ayer?
¿Me guiará al dónde de su donde
y al cómo de su como?
(*—Te busco*
*y sé que tú también me buscas.*
*Aquí estoy,*
*las alas a la espera de tu vuelo.*
*¿Volveremos allá*
*a retomar los pasos, Capitán?*
*Morir de nuevo es nada.*)

# XXI

—Pondré la mano izquierda
en tu cuello;
mis labios entreabiertos,
en tu oído.
Se que estarás allí,
detrás del aire,
sumergida en los espejos de la bruma.

(—Y no podré ocultarme, amor.
Advertiré en tu voz
la misma del pájaro agorero.)

—Y diré:
"Soy yo, peregrina de antaño,
pájara, Capitana".

(—Y no podré negar tus lobos
ni tus afables equinoccios.)

# XXII

Preguntan, angustiados,
por sus nombres
cuando ellos se negaron a nombrarse.
Piden espacio y rumbo,
latitudes, dimensiones
que sólo el amor traza para no extraviarse.
Expedita es la vía que lleva al reencuentro.

*— ¿Qué temes si estoy contigo ahora?*
*Aquí, mi amor de ayer,*
*de hoy y de siempre.*

—Abejita de luz,
saliste de la bruma.
Caminemos, romera,
este pequeño trecho.
Ascendamos
este último peldaño.
Toma mi mano
y acópala en la tuya.

# XXIII

—Abramos nuestros ojos aquí,
más allá de los tumbos de la piel,
de los huesos y la sangre.
Hoy borras mis otoños y das vida a mi piedra.
Nuestros son los panes y los peces.
Mis lobos beben extasiados
el agua recogida
en la cuenca de tus manos.
Aquí están,
te los entrego,
mi caballito de niño y mis espuelas verdes.

—*Descalzos,*
*juntemos nuestros pies*
*sobre la arena tibia.*

—Multipliquemos mar por rosas,
bosques por lobos y leonas,
aves por nidos,
y por todo aquello que se nos ocurra.

—*Ya somos uno,*
*estrella, bosque y mar.*
—Henos por fin aquí,
amor,
en nuestra estancia permanente,
edificada sobre
   c
   u
   a
   c
   i
   o
   n
   e
   s  p r o d i g i o s a s.

# ACERCA DEL PINTOR

Álvaro Andrade nació en Guatemala en 1959. Se graduó de Texas A&M University con una licenciatura en arquitectura en 1982 y luego una maestría en administración de proyectos de construcción en 1986. Alvaro Andrade es arquitecto, escultor, pintor y escritor. Ha realizado numerosas exposiciones individuales y colectivas, tanto en Guatemala como en Estados Unidos. Sus obras están en colecciones privadas en Estados Unidos, México y Guatemala. Ha publicado varios libros de poesía en español y en inglés.

La colaboración artística entre el autor, Gustavo Adolfo Wyld y el pintor, Álvaro Andrade viene de muchos años atrás. En 2009 se inauguró la exposición "Encuentro Entre Pintura y Poesía" en el Centro Cultural del Instituto Guatemalteco Americano en la ciudad de Guatemala. Se exhibieron pinturas y dibujos que incorporaron la poesía de Gustavo Adolfo Wyld a la obra artística de Álvaro Andrade.

La presente colección de dibujos fue hecha explícitamente para ilustrar este libro. Presenta una colección de dibujos con las técnicas de grafito acuarelable y bolígrafo. Se presenta una colección de temas que une los diferentes poemas. La temática de puertas y ventanas presenta elementos que conectan las diferentes estancias y pretenden acompañar al lector en su travesía.

Leonardo da Vinci decía que la pintura es poesía que se ve y la poesía es una pintura que se siente.

Printed in the United States
By Bookmasters